LIGUE DÉMOCRATIQUE DES ÉCOLES
CERCLE D'ÉTUDES POLITIQUES ET SOCIALES

SCIENCE, PATRIE, RELIGION

CONFÉRENCE PAR

F.-A. AULARD

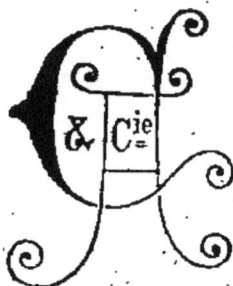

PARIS

ARMAND COLIN ET Cie, ÉDITEURS

RUE DE MÉZIÈRES, 5

A LA MÊME LIBRAIRIE

L'État et l'Église, par Charles Benoist. 1 brochure in-16.   1 »

Le Devoir présent, par Paul Desjardins. 1 brochure in-16.   1 »

Le Rôle social des Universités, par Max Leclerc.   1 »

L'Ame française et les Universités nouvelles selon l'esprit de la Révolution, par Jean Izoulet. 1 brochure in-16.   1 »

La Question d'Alsace dans une âme d'Alsacien, par Ernest Lavisse, de l'Académie française. 1 brochure in-16.   » 50

Pensons-y et Parlons-en, par Jean Heimweh. 1 brochure in-16.   » 50

Triple Alliance et Alsace-Lorraine, par Jean Heimweh. 1 brochure in-16.   1 50

Le Gouvernement de l'Algérie, par Jules Ferry. 1 brochure in-16.   1 »

Paris. — Imprimerie L. Maretheux, 1, rue Cassette. —1215.

LIGUE DÉMOCRATIQUE DES ÉCOLES

CERCLE D'ÉTUDES POLITIQUES ET SOCIALES

SCIENCE, PATRIE, RELIGION

CONFÉRENCE PAR

F.-A. AULARD

PARIS

ARMAND COLIN ET Cⁱᶜ, ÉDITEURS

RUE DE MÉZIÈRES, 5

——

1893

SCIENCE, PATRIE, RELIGION

MESSIEURS,

Vous vous êtes réunis, entre étudiants
républicains, pour former un cercle d'études
politiques et sociales, et vous m'avez de-
mandé d'inaugurer ce cercle par une conférence. Cette conférence, j'aurais préféré
que ce fût un de vous qui la fît. Est-il im-
portant, est-il intéressant de connaître les
idées d'un de vos professeurs sur les libres
études que vous allez entreprendre à vos
heures de loisir et hors de l'Université offi-
cielle? Ce n'est pas moi, c'est un jeune homme
qu'on voudrait entendre, afin de pouvoir
conjecturer quels citoyens vous serez un
jour et ce que la France a à espérer de
vous. Vous m'avez répondu qu'il vous sem-

1

blait plus significatif de vous placer sous les auspices de la Révolution française, dont je suis chargé d'enseigner l'histoire à la Sorbonne, et que cela dirait clairement dans quel esprit et avec quelle méthode vous voulez étudier les questions sociales et politiques. C'était là un argument auquel je ne pouvais opposer aucune objection bien solide, et, comme j'étais aussi touché de la spontanéité de votre démarche que ravi de ce réveil de la jeunesse, de l'espoir que tant d'équivoques fâcheuses allaient enfin tomber, j'ai accepté de me trouver au milieu de vous ce soir pour expliquer ce que vous voulez faire, pour présenter ce mouvement nouveau dans son jour vrai, sans espérer de réduire au silence la calomnie, qui nous attaquera demain, mais avec le désir de lui ôter ses moyens les plus spécieux en répétant franchement et simplement ce que vous m'avez dit vous-mêmes de vos intentions et de vos projets.

I

Ce n'est pas un club que vous fondez, ce n'est pas une de ces sociétés de jeunes Jacobins, comme il y en avait à Paris pendant la Révolution. Vous ne voulez pas vous mêler à la politique active, soutenir ou combattre le gouvernement, et, quoique beaucoup d'entre vous soient électeurs, ce n'est pas le souci des prochaines élections générales qui vous a groupés. Vous êtes des étudiants, et, ici comme dans les écoles, c'est d'étudier que vous vous préoccupez. Vous vous êtes dit : nous étudions pour être licenciés, agrégés, docteurs ; pourquoi n'étudierions-nous pas pour être citoyens ? Sans doute, les cours des Facultés, par les idées générales, par la méthode, fortifient et munissent votre esprit pour toutes vos fonctions ultérieures de Français. C'est là une préparation générale à l'office de citoyen, qui sera plus efficace, plus complète, quand tant de cours isolés se trouveront réunis en Universités, quand tomberont les barrières artificielles qui, dans l'enseignement comme

dans les intelligences, séparent les diverses
parties de la science, et quand, par la
science une et totale, on formera des esprits
uns et complets. Mais cette préparation
d'État aux fonctions de citoyen ne sera
peut-être jamais qu'indirecte : c'est à vous
qu'il appartient de vous y préparer directement, et voilà pourquoi vous avez voulu
vous procurer à vous-mêmes ce que vous
n'hésitez pas à appeler un enseignement
civique supérieur.

Messieurs, quand jadis un jeune homme
montait en diligence pour aller étudier à
Paris, le suprême conseil tendrement et
anxieusement murmuré à son oreille, dans
l'étreinte de l'adieu, c'était : « Surtout ne
t'occupe pas de politique ! » La tendresse
des mères, qui est perspicace, avait bien
résumé ainsi les devoirs d'un sujet dans une
monarchie : faire son métier, s'acquitter
de sa charge, être bon époux, bon père,
médiocre garde national, fonctionnaire
fidèle, ne rien voir au delà de l'accomplisse-
ment de la tâche imposée, ne rien contester
à l'autorité de son office de guide, voilà ce
qu'on demandait à un sujet, voilà ce qui le

menait à la considération, à la tranquillité,
au bonheur, par une route étroite, unie,
bordée de gendarmes, et où il n'y avait qu'à
marcher sans regarder ni à droite ni à
gauche. C'était vraiment peu compliqué
d'être un sujet dans une monarchie.

Comme c'est difficile au contraire d'être
citoyen dans une république! L'État, c'est
nous tous, et ces soucis de la direction
générale de la nation qui incombaient au
seul roi, au seul empereur, ou à une élite
de personnages, voilà qu'ils retombent
directement, et de quel poids! sur les
épaules de chacun de nous. Il ne s'agit pas
seulement de voter, c'est-à-dire de se pro-
noncer sur les systèmes et les personnes. Si
on est instruit, comme vous l'êtes, désigné
pour conseiller, comme vous le serez, il faut
éclairer ses concitoyens, prendre charge
d'âmes, accepter les fonctions électives,
assumer sa part de responsabilité dans le
gouvernement de la nation. Que d'angoisses,
si on est honnête ! Que de perplexités, si on
a de l'esprit! Ces lumières qu'on est censé
avoir et qu'il faut donner aux autres, à ceux
qui n'ont pas eu de loisirs pour étudier, on

en est réduit à les chercher hâtivement, à en improviser l'acquisition. Et où cela? Dans les journaux, dans les revues, dans quelques compilations de seconde main. On se barbouille ainsi d'un demi-savoir, qui transforme parfois de très braves gens en fanatiques, en énergumènes, en conservateurs-bornés. D'autres gardent du sentiment de leur insuffisance comme citoyens un chagrin, une anxiété, qui les tourmentent à la manière d'un remords et finissent par affaiblir leur clairvoyance.

C'est ici l'histoire de ma génération que je vous raconte. Passionnés pour la politique, irréconciliables ennemis de l'Empire, amoureux de la France et de la République, nous fûmes jetés dans la vie civique sans instruction civique, avec notre bonne volonté et nos vers latins. Je me rappellerai toujours l'angoisse que me causa mon premier vote. Deux candidats républicains étaient en présence ; l'un demandait deux Chambres, l'autre n'en voulait qu'une ; celui-là déclarait la République perdue si l'opinion de son concurrent l'emportait ; celui-ci disait exactement la même chose ; ils n'étaient d'accord qu'en cela, et c'est précisément cet accord qui faisait mon incertitude. Étais-je, moi, pour les deux Chambres ou pour la Chambre unique? Je ne savais pas, je n'y avais jamais pensé; on ne m'avait guère appris que deux choses, c'est que Pindare est un auteur difficile, mais beau, et c'est qu'en versification latine il ne faut pas abuser des rejets. Un des deux candidats avait une tête de brave homme. Je votai pour lui sur sa mine, je me mis à étudier l'histoire de la démocratie, je laissai mes élèves accentuer les thèmes grecs à leur fantaisie, et mon proviseur me prit en grippe. Si je fis mal ma classe, je crois bien que je ne votai pas mieux, et, parmi les hommes de mon temps, je ne suis malheureusement pas le seul qui ait à se reprocher d'avoir choisi des députés sur leur mine. Peut-être serait-il injuste de nous en vouloir pour ces mauvais votes; ils venaient de notre ignorance, et notre ignorance ne venait pas de nous; car, si nous avions voulu étudier la politique quand nous étions étudiants, l'Empire avait des sergents de ville pour nous en empêcher. Mais cette ignorance a été notre faiblesse comme notre

tourment ; elle a permis-les réactions du
24 mai 1873 et du 16 mai 1877 ; elle est
cause que, vainqueurs de ces réactions,
nous n'avons pas toujours chargé des affaires
publiques les Français les plus capables de
comprendre les conditions nouvelles de la
démocratie.

Si nous n'avons pas échoué, si la République prospère, si, malgré tant de méprises
et de mécomptes, la France n'est pas retom-
bée dans la servitude ou dans l'anarchie,
c'est que l'esprit de la Révolution vit encore
dans la conscience de la nation, c'est que
l'instinct populaire est resté fidèle au droit
nouveau, c'est aussi que des patriotes émi-
nents ont pu faire entendre leur voix et en-
courager cet instinct. Mais voici que s'annoncent de terribles problèmes sociaux et
religieux, et c'est vous, jeunes gens, qui
aurez à résoudre les plus complexes et les
plus grandes questions qui résultent et qui
devaient résulter de l'évolution naturelle de
notre société démocratique. Pour cette
tâche, qui sera la vôtre, il ne suffira ni de
l'instinct populaire, ni du talent des orateurs, ni du génie de quelques penseurs

isolés : il faudra un groupement conscient
et organisé de toutes les forces intellec-
tuelles de la nation, et, si la science n'aide
pas la nature, cette prochaine et redoutable
phase de notre évolution sociale sera une
crise violente, qui couvrira la France de
cadavres.

Vous avez donc le droit de hausser les
épaules en réponse aux délicats et aux dégoûtés qui vous reprocheront de faire de la
politique. N'ayez souci des sarcasmes du
pédantisme : vous remplissez votre devoir en
recherchant, à la veille des grandes trans-
formations qui s'annoncent, les moyens de
faire aboutir pacifiquement, heureusement,
pour le bien de notre pays et de l'humanité,
un avenir qui sera terrible, si vous êtes
ignorants, négligents ou égoïstes ; qui sera
glorieux et bienfaisant, si vous êtes instruits,
préparés, organisés pour vous acquitter,
selon la raison et la science, de votre mis-
sion de citoyens.

Voilà, messieurs, la légitimité, voilà l'uti-
lité des études sociales et politiques que
vous entreprenez. Comment allez-vous or-
ganiser ces études? Vous demanderez sans

doute aux plus compétents des savants et
des hommes politiques de vous faire ici des
conférences, non pas sur les événements du
jour, mais sur de grandes questions générales, les rapports de l'Église et de l'État,
l'organisation de la propriété, la réforme de
l'impôt, le capital et le salaire, les théories
socialistes, l'histoire et l'état présent de ces
questions dans les autres pays. Il vous faudra des idées et des faits, une base solide
et variée à votre instruction civique. Mais
surtout, réunis entre vous dans un local
moins solennel, vous discuterez familière-
ment, vous vous instruirez par la contradiction, vous mettrez en commun, pour les
confronter, les résultats de vos lectures, et
aussi les résultats de vos premières obser-
vations personnelles sur la société d'aujour-
d'hui : car j'espère bien que vous n'allez
pas étudier la République seulement dans
les livres, mais aussi dans la vie, que vous
causerez avec vos concitoyens de tous états
et de toutes opinions, et il y a parfois plus
à apprendre dans la conversation d'un ou-
vrier ou d'un paysan que dans les cours et
les livres.

Vous le savez, et vous n'êtes pas des bourgeois dédaigneux des autres jeunes Français qui, travaillant de leurs mains, ne peuvent comme vous jouir de toute la science. Vous aurez une joie sympathique à les fréquenter, et il vous viendra d'eux une idée positive des choses, car ils sont la majorité de la nation, car ils sont vos égaux en intelligence, car ils vivent dans la réalité. Vous leur apprendrez aussi ce que vos livres et vos controverses vous auront appris, et vous le leur apprendrez, non par des formules pédantes, mais par des actes et des paroles qu'inspirera la science et auxquelles l'idée de la fraternité donnera de l'éloquence. Et, d'autre part, ce cercle d'études ne sera pas une fondation provisoire, destinée à disparaître quand se disperseront les étudiants qui l'ont formé : vos successeurs maintiendront le cadre et l'esprit de cet institut libre. Votre entreprise inspirera aux autres Universités de France des essais analogues : à votre exemple, vos camarades de province se grouperont pour étudier la politique dans un esprit laïque et scientifique. C'est à vous de veiller, tant que vous serez ici, à ce que votre dessein ne dégénère pas à ses débuts, à ce qu'aucune influence ne capte pour un intérêt de parti vos intentions et vos études ; mais je connais votre esprit de sagesse, et j'ai confiance dans l'avenir de l'œuvre que nous inaugurons ensemble aujourd'hui.

II

Quel sera votre programme ?

Vous n'avez pas l'intention de rédiger un plan d'études, et dans ce libre enseignement mutuel, il n'y aura ni liste d'auteurs à préparer, ni diplôme à conquérir. Quelle bonne et rare fortune ! Profitez-en, et gardez-vous bien de vous créer une routine : ce n'est pas au mandarinat que vous aspirez, mais à la capacité civique. Dites seulement que vous voulez étudier, en général, les grands problèmes sociaux, politiques et religieux. C'est déjà un programme, puisque c'est l'affirmation qu'il n'y a pas pour vous de questions réservées, fermées : toutes les questions sont ouvertes, vous êtes des esprits libres, aucune religion ne vous interdit

de discuter quoi que ce soit, et, à vos yeux,
les idées anciennes n'ont pas de privilège
aux dépens des idées nouvelles. Cette liberté
d'esprit, vraiment scientifique, est même au
fond ce qui vous rapproche aujourd'hui, et
de là procède, avec votre sympathie mu-
tuelle, la communauté de votre but et de
votre méthode. Je signale tout de suite,
comme preuve de cette liberté, une des
plus scandaleuses études qui s'imposent à
votre ordre du jour, celle des conditions de
la propriété dans notre démocratie. Discuter la propriété, c'est un crime. Qui parle
ainsi? La religion? Non : c'est la bourgeoisie. A la rigueur elle laisse discuter
Dieu : mais les conditions de l'héritage,
telles qu'on les voit fixées aujourd'hui, for-
ment pour elle un dogme plus sacré que les
dogmes d'Église. On dirait que la constitution actuelle de la propriété est un principe
qui fait partie du fondement même de notre
conscience d'Européens civilisés. Or en quelques heures de bateau ou de chemin de fer,
vous vous trouverez dans des pays qui
valent le nôtre, qui lui ressemblent, et où
l'organisation française de la propriété pa-

raît aux uns un scandale d'audace démocratique, aux autres un scandale de timi-
dité rétrograde. Plaisante vérité, qu'une
rivière borne ! comme disent vos classiques.
Je ne vous apporte pas, et pour cause, un
plan d'organisation nouvelle de la propriété.
Je vous dis seulement : étudiez cette question librement, scientifiquement, à la lu-
mière de l'histoire et de la raison. Surtout,
ne l'étudiez pas dans un esprit bourgeois.

Je prévois ce qu'on va me dire : esprit
bourgeois, bourgeoisie, que signifient ces
mots? La Révolution n'a-t-elle pas supprimé les classes? Oui, elle les a supprimées
dans la loi : elle ne les a pas supprimées
dans les mœurs. Ceux qui possèdent s'imaginent former une caste, une aristocratie,
et c'est pour eux une idée horrible que ce
qu'ils ont puisse un jour sortir de leur famille. Ils disent bien aux autres, comme
feu Guizot : « Enrichissez-vous, chacun peut
devenir bourgeois, » mais ce n'est là qu'un
ironique conseil de satisfaits. Or, être satisfait de ce qui est, quand on en a les seuls
avantages, être satisfait de l'organisation
de la propriété, parce qu'on est proprié-

taire, croire que tout est bien dans la société parce qu'on y a une place commode
et agréable, qu'on léguera à ses enfants,
voilà l'esprit bourgeois. Ce n'est pas dans
cet esprit que vous étudierez les problèmes
sociaux. Sans vous imaginer qu'on va tout
améliorer en bouleversant tout, vous ne
croirez pas qu'une société où quelques-uns
possèdent et où beaucoup souffrent dans le
dénuement soit le dernier mot de la sagesse
humaine. Vous étudierez cette grande question sans prévention, sans étroitesse d'esprit, sans sécheresse de cœur. Surtout l'organisation de la propriété industrielle, et
cette révolution économique qui a trans-
formé les ouvriers en salariés du capital
formeront un des objets les plus passion-
nants de vos études. Vous y penserez, non
en dévots, mais en hommes, non dans un
esprit de charité mystique, mais dans un
esprit de justice et de fraternité. D'autres
vous diront de vous préparer à vous battre
à coups de fusil pour la défense de la société menacée par les barbares. Conseils de
guerre civile! Appels fratricides de la peur
et du privilège! Vous répondrez que ces

barbares sont vos concitoyens, vos frères, qu'en ce moment ils peinent et souffrent pour vous procurer ces libres loisirs et qu'il s'agit, non pas d'appeler les gendarmes au secours de ceux qui sont heureux, mais de préparer pacifiquement et en toute concorde, entre hommes égaux et qui s'aiment, une plus équitable répartition des misères et des joies. Comment? Vous ne le savez pas, mais votre bonne volonté le cherchera, avec l'aide de la raison et de l'histoire, et cette révolution sociale que l'on veut faire par la haine ou éviter par la force, vous voudrez, s'il m'est permis de rappeler ici le beau mot de Vergniaud, la consommer par l'amour.

III

Le nom de Vergniaud nous ramène à cette histoire de la Révolution dont l'étude est indispensable à l'école du citoyen. Il ne s'agit pas de plagier la Révolution, d'arborer le gilet de Robespierre ou le mouchoir de tête de Marat. Laissons les formes révolutionnaires, qui sont mortes; inspirons-nous

de l'esprit, qui est vivant. Et où trouverons-
nous cet esprit? Dans la déclaration des
droits, dans les principes de 1789. Je sais
bien que c'est la mode aujourd'hui de se
moquer de ces principes. Rabâchage inutile,
disent les uns, déclamation surannée : à
quoi bon aujourd'hui, en pleine positivité
scientifique, invoquer ces abstractions chi-
mériques? D'autres, au contraire, contestent
méthodiquement ces principes, les déclarent
faux parce qu'ils proviennent de la « raison
raisonnante », ou s'ingénient à les éplucher
syllabe par syllabe. On voit surtout qu'ils
les haïssent, ces idées de 1789 : et pourquoi?
parce qu'elles ne sont pas assez chrétiennes.
Oh! je ne prétends pas que ceux qui les
formulèrent ne se crussent pas en règle
avec l'Église. Je sais au contraire qu'un
jour l'Assemblée constituante se déclara
catholique, apostolique et romaine. C'est
qu'elle voulait concilier l'inconciliable, la
foi et la raison, l'église et la liberté, la monarchie et l'égalité. Mais il n'y avait de
vivant, en ces âmes de 1789, que la philosophie du XVIIIᵉ siècle, et, à l'insu même de
ses auteurs, la déclaration des droits ne

fut, en effet, que la formule de la grande
révolte humaine contre la théocratie. Oui,
dans cette déclaration, il y a peut-être des
phrases surannées, des timidités, et, si vous
voulez, des contradictions, parce que c'est
là une œuvre de l'histoire autant que de la
raison, parce que c'était autant une arme
de guerre contre l'ancien régime qu'un ma-
nifeste dogmatique. Mais au fond quelle est
la pensée qui inspire ce texte? C'est que la
souveraineté a passé du roi au peuple, c'est
que l'autorité n'est plus en Dieu, hors de
l'humanité, mais dans l'humanité et dans la
raison. Ah! cette déclaration, elle mérite la
haine et les sarcasmes de nos néo-chrétiens
parce qu'elle est la solennelle protestation
de la raison contre le dogme, parce qu'elle
est la charte de la France nouvelle et l'éclatant signe de l'émancipation partielle de
l'humanité. Ce n'est pas là un *credo* immo-
bilisant, stérilisant, comme les *credo* mystiques. Que vous dit-elle, cette déclaration
haïe ou bafouée ? Elle vous dit : Soyez
libres, soyez vos maîtres, pensez par vous-
mêmes, faites votre destinée, soyez citoyens,
soyez hommes. On a osé écrire que la jeu-

nesse française était devenue indifférente
et dédaigneuse à l'égard des principes de
1789. Je suis sûr, au contraire, que vous
ferez de ces principes la base de vos libres
recherches politiques et sociales.

Croyez bien que ce vague dédain des
beaux esprits pour la déclaration des droits
cache une intention très précise : celle de
nous ramener à un joug, qui ne sera peut-
être pas royal, mais qui sera sûrement religieux. Méfiez-vous aussi du mépris qu'on
affiche pour le parlementarisme. Ce serait,
certes, faire preuve de l'esprit bourgeois
dont je parlais tout à l'heure que de s'imaginer que la Constitution de 1875 organise par-
faitement et pour toujours le système re-
présentatif dans la démocratie, et vous ne
manquerez pas de discuter avec le même
esprit critique les questions constitution-
nelles, tout comme les questions sociales,
si tant est qu'on puisse séparer les unes des
autres. Mais prenez garde qu'en bafouant
le parlementarisme, c'est à la liberté qu'on
en veut. Ce beau mot de libéral a été dis-
crédité par l'usurpation qu'en ont faite les
partis les plus rétrogrades. Ne le laissez pas

abolir; prenez-le pour vous, puisque heureusement le *Syllabus*, qu'on oublie trop, vous l'a réservé. Soyez des libéraux, en même temps que des démocrates. Ce n'est pas facile de faire l'éloge de la liberté, aujourd'hui qu'elle est devenue l'air que nous respirons. Mais il me sera bien permis de dire, à moi qui avais votre âge sous l'Empire, que c'est un des titres de gloire de la République d'avoir gouverné par la liberté. La joie d'être libres, vous ne pouvez la sentir, vous qui avez toujours été libres. Mais vous n'oublierez pas que le régime de la liberté a été dans l'histoire une des conditions de la grandeur de la France. A ceux qui déclament contre les hâbleries de la tribune et qui, au régime où les avocats se querellent dans les Chambres, opposent le secret, l'unité et la continuité de la politique monarchique, ne manquez pas de répondre qu'un gouvernement de tribune a seul pu réaliser le rêve d'Henri IV et de Richelieu, et que la Convention nationale, menée en effet par des discoureurs, a seule pu donner à la France la frontière du Rhin. Le jour où la tribune redevient muette, où

la France croit conserver l'égalité en renon-
çant à la liberté, qu'arrive-t-il ? Nous per-
dons cette rive du Rhin, acquise au prix du
sang des volontaires de l'an II. Une seconde
fois la France s'abandonne à un maître :
son sang coule à flots, elle perd deux provinces, deux morceaux de sa chair vive.
Rendue enfin à elle-même et guérie par une
double et affreuse expérience, la voilà forte,
redoutée, digne des retours de la fortune.
Ainsi le despotisme aboutit à Waterloo, à
Sedan, tandis que la première République
a signé les traités de Bâle, les plus glorieux,
les plus avantageux de tous ceux que la
France ait jamais signés, si glorieux même
et si avantageux qu'aujourd'hui, dans la
disgrâce présente, c'est à peine si, aux
heures d'exaltation secrète et folle, le cœur
du patriote ose en rêver de pareils pour
l'avenir ! Voilà ce que vous répondrez aux
détracteurs de la liberté et du régime par-
lementaire.

Aimez donc la liberté ; aimez-la pour elle-
même ; aimez-la pour les résultats historiques que je viens de rappeler. Dites-vous
qu'un système qui la supprime, même en

vue de résoudre la question sociale, n'est qu'un sophisme qui ne résoudra rien et qui finalement n'aboutira qu'à préparer les voies à l'ambition d'un homme. Méfiez-vous de ceux qui reprochent à la Révolution de n'avoir été que le triomphe de l'individualisme. Ils injurient l'histoire. Qu'a fait la Révolution? Elle a affranchi les Français, corps et âme; elle a proclamé l'homme égal à l'homme; elle a libéré la conscience de chacun des servitudes religieuses. Ce lien qui reliait les individus à un roi et à un dogme mystique, elle l'a coupé. Mais le lien qui doit unir les hommes en humanité, les citoyens en société, les Français en nation, ce lien véritablement religieux, c'est la Révolution qui l'a créé, en établissant dans les faits et les lois la solidarité humaine, la solidarité sociale, la solidarité française. On lui reproche de n'avoir pas résolu la question sociale, de n'avoir été qu'une révolution politique, de n'avoir songé qu'à substituer une forme de gouvernement à une autre. Au contraire: par la destruction de la féodalité, elle a changé la condition des personnes et des choses, elle a mis en circulation les pro-

priétés détenues par quelques privilégiés,
elle a établi l'égalité dans la famille, elle a
discuté ou formulé les questions écono-
miques, elle a tranché ou résolu les problèmes sociaux que les circonstances lui
imposaient. Ceux qu'elle ne trancha pas,
ceux qui ne furent posés qu'un demi-siècle
plus tard par la transformation de l'indus-
trie, ceux qui viennent des conditions nouvelles des rapports du capital et du salariat,
est-ce qu'on avait à les résoudre à la fin du
xviiie siècle? Est-ce que ce n'eût pas été une
chimère, pour les hommes de 1789 et de
1793, de prétendre à régler par avance un
état de choses dont les commencements ne
s'annonçaient même pas? Quant au reproche d'individualisme sur lequel on insiste, je
demanderai seulement s'ils n'étaient qu'in-
dividualistes ceux qui déclarèrent tant de
fois qu'ils faisaient une révolution pour l'humanité, ceux qui prêchèrent la solidarité
des peuples contre les rois, ceux qui repla-
cèrent le citoyen affranchi dans la société
réorganisée selon le droit nouveau, ceux
qui apprirent à l'individu à se sacrifier pour
l'intérêt de tous, ceux qui fondèrent l'idée

de patrie, non seulement en France, mais
en Allemagne, en Italie, partout où le sentiment national végétait encore, où il sem-
blait qu'il n'y eût, au lieu de peuples, que
des individus sous des princes.

IV

Vous qui allez étudier les questions sociales et politiques en patriotes, vous qui
ne croyez pas être infidèles à l'humanité en
étant fidèles à la France, vous qui savez
bien que les nations sont dans l'humanité
ce que les individus sont dans les nations,
que celle-là ne prendra conscience d'elle-
même et ne progressera que par celles-ci,
vous à qui l'histoire a appris que le peuple
dont vous êtes a toujours été l'avocat de
l'homme, que ç'a été la vraie cause de sa
gloire et de ses larmes, et que les politiques
français, même aux jours où l'amour de
leur patrie a pu les rendre injustes pour les
patries des autres, se sont montrés, à tout
prendre, meilleurs Européens et meilleurs
humains que les Pitt et les Bismarck, —
vous n'oublierez jamais que c'est à la Révo-

lution que l'on doit non seulement ce patriotisme nouveau et vraiment humain, mais la patrie même telle qu'elle existe aujourd'hui.

Certes, la France ne date pas de 1789, et il y avait une patrie et des patriotes sous l'ancien régime. Mais si on lit les cahiers des États généraux, où l'âme française s'est montrée tout entière, à une heure décisive de son histoire, on s'aperçoit combien l'idée de patrie était alors confuse, vague et insuffisante. Avant d'être Français, on était Provençal, Poitevin, Breton. Ce n'était pas un seul peuple avec une seule âme : c'étaient des nations réunies sous le sceptre d'un roi. Oui, la royauté, et ce fut là son service, était le seul lien qui unissait les éléments, encore hétérogènes et mal fondus, de ce vaste empire. De très honnêtes gens crurent si bien que la patrie c'était le roi, qu'en émigrant, qu'en combattant contre la France avec le Prussien et l'Autrichien, ils crurent faire leur devoir de bons Français. Justement, un des effets de la Révolution, ce fut de séparer l'idée de patrie de l'idée de roi. Quand les députés aux États généraux furent réunis dans la même enceinte, en dépit des vœux particularistes de leurs mandats, ils se sentirent Français, ils virent la France, ils l'aimèrent en tant que France. Ces nations diverses, rapprochées par leurs mandataires et mises ainsi en présence les unes des autres, se fondirent d'elles-mêmes, par une fraternelle accolade, en une seule nation. La patrie était fondée, la patrie une et indivisible : elle fut consacrée, jurée par la fédération du 14 juillet 1790, et c'est justement ce pacte de cœur et de raison qui nous vaut aujourd'hui la fidélité obstinée des provinces que détient l'Allemagne. Mais quelques Français persistèrent dans l'ancienne habitude de ne voir la France que dans le roi : ils allèrent à Coblentz, ils soulevèrent la Vendée, ils se battirent en héros pour l'ancienne idée, dont ils se firent un point d'honneur de ne pas voir la fausseté. Ils furent vaincus, non parce qu'ils étaient les plus faibles, mais parce qu'ils avaient tort. Et je ne parle pas seulement de leurs défaites militaires à Valmy, à Savenay ou à Quiberon : je parle de la défaite, autrement grave et irréparable, que subit leur cause dans l'âme de leurs enfants. Ces Vendéens, ces émigrés avaient préféré le roi à la patrie : je le demande, quel est aujourd'hui le fils de Vendéen, le fils d'émigré qui ne préfère la patrie au roi, et, quels que soient les prières et les chants qu'on lui apprend, qui ne préfère la patrie à la religion ? Oui, ils sont fiers des opinions et des actes de leurs pères : mais n'allez pas leur demander s'ils voudraient, comme leurs pères, combattre avec l'étranger contre la France. A cette question injurieuse, n'ont-ils pas déjà répondu, en 1870, quand on les vit verser leur sang sous un drapeau qu'ils détestaient pour cette patrie que leurs pères avaient haïe jusqu'à la mort ? Et quel est celui de nos contemporains qui consentirait jamais à s'enrôler dans une armée ennemie pour ramener le roi ou nous imposer la domination du pape ?

C'est qu'aujourd'hui, quelles que soient les théories personnelles, les dogmes de chacun, soit politiques, soit sociaux, soit religieux, l'amour de la patrie est, en fait, et les étrangers le savent encore mieux que nous, le sentiment qui chez les Français prime tous les autres. Mais cette patrie, telle que l'a créée la Révolution dans les idées et dans la réalité, n'est pas une patrie exclusive, comme celle que se figurent les chauvins. Quelle a été la pensée de la Révolution ? A-t-elle voulu, en consacrant l'idée de la patrie française, séparer, isoler la France, transformer les frontières en murailles ? Au contraire, elle a fait tomber des barrières, elle a supprimé les provinces, elle a fondu les petites patries françaises en une grande. Ce n'a pas été là une œuvre de rétrécissement, mais d'extension. Cette unification de l'âme française, loin de la resserrer égoïstement en elle-même, l'a dilatée et, si je puis dire, humanisée davantage. C'est alors que cette âme a rayonné au delà des frontières, sur l'Europe, sur le monde. C'est alors que la France a déclaré que les peuples étaient frères, et qu'elle a éveillé une sympathie entre les nations, sympathie éphémère, qui s'altéra bien vite, dont nous ne fûmes que trop dupes, mais dont le souvenir éclatant atteste le caractère humain du patriotisme qu'avait créé la Révolution.

Le chauvinisme n'est-il pas juste le con-

traire de ce patriotisme-là? Egoïste, ignorant,
crédule, vaniteux, antihumain, le chauvinisme est né du despotisme militaire, dont
il est la jactance et la fanfaronnade. Hier,
il voulait conquérir l'Europe, sans autre but
que la rapine et la gloriole. Aujourd'hui que
nous sommes vaincus, il voudrait empri-
sonner l'âme de la France derrière une
muraille de Chine.

Toute manifestation internationale lui est
suspecte. Il voit avec horreur les congrès
hors frontières, les colloques qui s'engagent
entre patries diverses, les rapprochements
des travailleurs ou des penseurs d'Europe
pour résoudre en commun les difficultés
communes à plusieurs provinces de l'humanité civilisée, et, aux yeux du chauvinisme,
c'est crime de lèse-patrie de se dire Européen
et de songer aux devoirs internationaux. Si
on se rappelle qu'on est homme, qu'il n'y
a pas de frontière pour la raison et la
science, les chauvins s'écrient qu'on oublie
l'Alsace et la Lorraine. Non, nous n'oublions
pas plus nos frères séparés qu'ils ne nous
oublient : la France a juré avec eux, en 1790,
le pacte de la patrie ; ils y sont fidèles, nous

y sommes fidèles. Tant qu'ils n'auront pas
recouvré la liberté de disposer de leur destinée, de revenir à nous, selon les principes
du droit des gens tels que la Révolution les
a établis, il n'y aura de repos ni pour eux, ni
pour nous, ni pour l'Europe. Il est bien vrai
que, jusqu'au jour où la question d'Alsace-
Lorraine sera résolue, non seulement les
nations gémiront sous le poids des charges
militaires, non seulement la civilisation sera
retardée, mais l'étude pacifique des grandes
questions sociales se trouvera entravée et
faussée par le maintien de cette injustice,
aussi nuisible aux intérêts de l'Europe qu'à
ceux de la France. Mais qui sait si la solution ne viendra pas, en effet, de ces congrès populaires internationaux dont nos
chauvins déplorent la fréquence? Qui sait
si ces ambassades que les peuples s'envoient
réciproquement n'amèneront pas la fin du
grand malentendu? C'est très démodé, je le
sais, de parler des États-Unis d'Europe.
N'est-ce pourtant pas là l'idéal auquel doit
tendre votre patriotisme rationnel? La
France sera-t-elle diminuée, sera-t-elle
moins France, si un jour, tout entière, unifiée

à nouveau, elle fait partie de la république
européenne? Et quand même le Parlement
européen, chargé des intérêts communs à
plusieurs nations, devrait siéger alternati-
vement dans d'autres capitales que la nôtre,
est-ce que notre patrie en serait moins
grande, moins forte, moins glorieuse? Est-ce
que son influence sur le monde aurait moins
d'occasions de s'exercer efficacement? Chimère absurde! diront les chauvins. Est-ce
l'heure de parler des États-Unis d'Europe
quand les nations, armées jusqu'aux dents,
s'entre-regardent avec fureur et convoitise?
Oui, c'est l'heure. Oui, c'est justement
quand la guerre s'annonce qu'il faut encou-
rager les tentatives internationales de
rapprochement pacifique.

On doute que ce rêve philosophique se
réalise par la philosophie; j'en doute aussi.
Mais vienne pour l'Europe un grand péril
commun, et il viendra, vienne une telle
menace pour notre Occident civilisé que ce
soit une question de vie ou de mort de s'unir
à tout prix pour la défense commune, on
s'unira, et ces États-Unis d'Europe, dont
nous nous croyons si éloignés, ils se forme-

ront d'eux-mêmes, parce que ce sera néces-
saire, et peut-être les verrez-vous. C'est à la
science et à la raison de préparer par
avance, de longue main et peu à peu, cet
accord que la nécessité imposera un jour à
nos querelles occidentales. Or, la science et
la raison ne pourront remplir ce noble
office qu'en se rappelant qu'elles ne sont ni
françaises, ni anglaises, ni allemandes,
mais internationales et humaines. Elles empêcheront ce patriotisme européen de dé-
générer à son tour en chauvinisme. Mais
elles maintiendront les nations à l'état d'individus distincts dans l'humanité, et cela
dans l'intérêt même de l'humanité, qui ne
s'organisera que par les nations, et qui,
sans les nations, ne serait qu'une vaine
cohue, incapable de conscience, de force et
de progrès.

C'est ainsi, messieurs, et c'est dans cette
mesure, qu'en servant votre nation, vous
servirez non seulement l'Europe, mais l'humanité. Voilà le patriotisme vraiment géné-
reux, vraiment rationnel, vraiment humain,
qui est le vôtre, et qui présidera à vos
études.

V

Messieurs, n'avez-vous pas admiré la contradiction des arguments que nous opposent les réactionnaires de toute nuance? Hier, ils reprochaient à la Révolution d'avoir été trop humanitaire, trop sociale, d'avoir absorbé l'homme dans l'État : aujourd'hui ils la condamnent pour son prétendu individualisme. Hier, ils reprochaient à la République de pactiser avec le socialisme : aujourd'hui ils l'accusent de ne pas résoudre les questions sociales.

Ces contradictions ne sont qu'apparentes : au fond, qu'ils l'avouent ou non, ils sont tous d'accord en ce qu'ils veulent rétablir la cité chrétienne et, sous prétexte de relier les consciences, les replacer sous le joug de l'Église. Voilà pourquoi les questions sociales et politiques se présentent aujourd'hui sous la forme de questions religieuses. Voilà aussi pourquoi la jeunesse des écoles a eu à subir, dans ces dernières années, les agressions et les équivoques de l'esprit mystique.

Est-il besoin de rappeler sous quelle forme se sont produites ces agressions et ces équivoques?

Cinq ou six messieurs, gens de loisir et d'esprit, se sont senti du vague à l'âme. Oui, cinq ou six, pas plus. Ils ont beau faire du bruit comme cent, je gagerais bien qu'ils ne sont pas plus nombreux que les doctrinaires de la Restauration, qui tenaient tous sur le même canapé. Nos pères l'ont connu, ce canapé doctrinaire qui a prétendu gouverner la France. Nous avons aujourd'hui le canapé mystique, non moins risible, mais plus dangereux que l'autre, parce qu'il sert de paravent pour cacher le suprême effort de toutes les forces théocratiques et de toutes les Églises coalisées contre la raison libre.

C'est à vous surtout, qui êtes la France de demain, que s'adressent ces nouveaux doctrinaires. C'est pour vous plaire qu'ils se sont mis en frais de toilette et de style. C'est en votre honneur qu'ils ont retrouvé l'encrier de Chateaubriand, et qu'ils ont tâché d'adapter au goût d'aujourd'hui, en l'ornant à la russe, le pittoresque un peu

vieilli des *Martyrs* et du *Génie du Christianisme*. Ç'a été d'abord un joli appel à l'idéal,
avec un air de dilettantisme tout à fait
noble. Puis on a déclaré, en observateurs
impartiaux, que la jeunesse française était
malade, qu'elle avait la fièvre.

On l'a auscultée avec bonne grâce. C'était
plus grave encore qu'on ne pensait : la jeunesse française est comme le héros du conte
allemand, qui avait perdu son ombre et en
était désespéré. Mais elle a fait, à entendre
nos docteurs, une perte autrement dange-
reuse, autrement irréparable : elle a perdu
son âme ! Et, messieurs, au même moment
où on déclarait que vous aviez perdu votre
âme, on annonçait aussi que la plupart
d'entre vous l'avaient retrouvée : « L'esprit
de nos grandes écoles, disait-on en propres
termes, de celles mêmes qui passaient de
tout temps pour les citadelles de l'irréligion,
subit des modifications sensibles. Chacune
d'elles compte un groupe de jeunes gens
très décidés dans leurs convictions religieuses; pour les autres, pour la majorité
incrédule, ces convictions sont l'objet d'une
curiosité bienveillante. L'humeur autrefois

générale, qui s'appelait le voltairianisme,
devient un phénomène très rare. » On disait
aussi *à ceux qui ont vingt ans :* « Nul enseignement positif ne les satisfait. Ils ont
entendu des voix, ils ne savent pas où, ils
partent à l'aventure sur ces vagues appels,
ils rôdent autour de l'autel du dieu inconnu. » Vous savez bien ce qu'on entend par
retrouver son âme : c'est revenir « aux convictions religieuses » ; et, quant à ce Dieu
inconnu, il est très connu au contraire, et
on sait pendant combien de siècles il a op-
primé la raison. Mais Chateaubriand étalait
tout le dogme et prétendait le faire accepter en bloc, directement, rien que par son
adresse à le parer et à le fleurir. On est plus
ingénieux aujourd'hui : on cache le dogme,
on n'en parle même pas, on constate seulement que l'Église est la plus grande force
organisée, la seule force vivante. Puis l'aveu
échappe : c'est à l'Église qu'on veut nous
ramener, sous peine de mort : « L'Église,
dit-on, est la pierre d'aimant où tendent
fatalement ces aspirations idéalistes, mystiques, morales, qui donnent à l'élite des
générations nouvelles, une physionomie si

attachante et si confuse. Précisément, à
l'heure où tant de regards se tournent vers
elle, cette force au repos se met en mouvement, elle revient s'alimenter aux sources
populaires : l'Église comprend que ces
sources montent pour tout submerger.
Réussira-t-elle à les capter, à leur donner
un lit et une direction ? Toute la question
est là. » Oui, toute la question est là : mais
on veut qu'elle soit résolue en faveur de
l'Église. C'est à cela qu'on travaille. C'est
au profit de l'Église que l'on veut détourner
le mouvement intellectuel de la jeunesse
française. Déjà on la déclare embrigadée,
christianisée pour le pape, et ces beaux
esprits lui conseillent, comme suprême
moyen de salut, de n'obéir qu'à ceux qui
portent au front le triple sceau de la pau-
vreté, de l'obéissance et de la chasteté.

Messieurs, tant qu'ils se sont bornés à
déclamer sur la maladie de l'âme contem-
poraine, vous vous êtes dit que peut-être ils
étaient, en effet, eux-mêmes malades, qu'il
était bien possible que la santé de leur raison se fût altérée, vous les avez plaints,
vous les avez écoutés avec sympathie, puis-

qu'ils souffraient, et avec intérêt puisqu'ils parlaient un beau langage. Imprudente courtoisie ! Ils ont pris ou feint de prendre votre silence poli pour une adhésion, et, peu à peu, vous avez vu s'établir à vos dépens une équivoque utile à des desseins politico-religieux ; vous vous êtes aperçus que vous auriez mieux fait, dès le début, de rire au nez de ces docteurs séraphiques, qu'ils vous compromettaient malgré vous, qu'ils présentaient à l'opinion les jeunes gens comme dégoûtés de l'idéal humain, comme doutant de l'efficacité du devoir et de la science pour la direction de la vie, et comme candidats perpétuels au bonheur mystique. Et alors, provoqués dans votre âme même, placés en état de légitime défense, ceux d'entre vous qui n'appartiennent à aucune confession se sont groupés pour protester contre les sentiments qu'on leur prête, pour désavouer, quant à eux, ce mouvement néo-chrétien, néo-mystique, qui, de quelque nom qu'on l'appelle, ne tend qu'à restaurer l'antique servitude intellectuelle au profit des Églises.

Il ne s'agit pas d'entrer en controverse

avec les nouveaux théologiens. Qu'affirment-
ils? Que la grande masse de la jeunesse
française revient à la foi religieuse. Vous
répondez à cette affirmation, vous en dé-
montrez l'inexactitude, par le seul fait
qu'un grand nombre d'entre vous se réu-
nissent pour affirmer, au contraire, leur foi
en la libre raison. C'est là une démonstra-
tion par le fait, qui est plus décisive que
toutes les controverses. Ils vous disent:
Vous êtes malades. Vous leur répondez :
Nous nous portons bien. S'ils répliquent :
Tant pis, c'est mauvais signe, vous les ren-
verrez aux médecins de Molière, et vous
repousserez, en riant, leurs mystiques ins-
truments de salut. Ils exhiberont alors les
prestiges de leur mélancolie : ils parleront
avec élégance de leurs aspirations vagues
que les systèmes rationnels ne satisfont pas,
et ils vous proposeront avec un art affriolant
toutes les joies divines de l'absurde. Il faut
leur répondre : Vous calomniez la raison,
vous calomniez l'homme, vous calomniez la
vie. Si le devoir, si la science ne suffisent
pas à votre cœur et à votre esprit, c'est que
vous voyez le devoir court, la science courte

c'est que vous les voyez, l'un et l'autre, morcelés et stérilisés par ce morcellement; c'est que vous n'apercevez que quelques aspects de la vie ; c'est que vous êtes trop myopes pour voir l'unité et le sens des choses; c'est aussi que l'idéal humain vous échappe. A mi-route de la connaissance et de la pratique, votre imagination et votre activité se lassent. Vous trouvez plus facile de faire un saut hors de la vie dans la chimère et de livrer votre âme à l'Église. Vous qui parlez de foi, vous êtes des hommes de peu de foi. Vous ne croyez pas en l'humanité. Il vous semble que les hommes ne peuvent être rachetés et sauvés que par une puissance qui est en dehors d'eux : nous croyons que leur destinée se fait en eux et par eux, qu'ils sont solidaires, qu'ils progressent : le sentiment de cette solidarité, l'espoir de cette progression de l'humanité par elle-même, nous semblent, puisque vous parlez de poésie et de religion, infiniment plus poétiques, infiniment plus religieux que tout le merveilleux des dogmes extra-humains. Donc, à votre foi mystique, nous opposons notre foi humaine, et nous

ne permettrons pas que vous contestiez
plus longtemps la réalité de cette foi, notre
droit à l'affirmer en nous groupant et notre
zèle à la soutenir publiquement contre tous
les retours agressifs de l'esprit théocratique,
qui est le vôtre.

VI

Voilà votre pensée, messieurs; et, si je l'ai
exactement rendue, j'espère qu'on n'osera
plus dire maintenant que la jeunesse
française, mélancolique et repentante, erre
autour des portes du temple pour y frapper
bientôt. Il faudra bien vous donner acte de
votre affirmation, et les bénévoles racoleurs
de l'Église devront changer le système pour
vous embaucher. Ils en changeront, soyez-
en sûrs; ils essayeront de vous dégoûter de
vos convictions rationalistes en ressaisis-
sant l'arme qui a si bien réussi à Voltaire
contre l'Église; ils aiguiseront des épigrammes contre la libre pensée, qui est,
diront-ils, de mauvais ton, de mauvais goût
et qui encanaille les honnêtes gens.

Mais vous rirez de ceux qui osent se mo-

quer de la libre pensée au nom de dogmes
si choquants qu'ils n'ont pas le courage de
les produire en public. Vous leur concé-
derez, s'ils le veulent absolument, qu'il y a
eu des libres penseurs fanatiques, des libres
penseurs sots, grossiers, intolérants. Quelques nigauds peuvent-ils perdre une grande
cause? Quelques farceurs peuvent-ils dés-
honorer un noble mot? Vous en chercheriez
vainement un autre qui exprimât aussi bien
les mêmes opinions et les mêmes tendances.
Philosophie? c'est trop vague. Rationalisme?
c'est trop étroit. Continuez hardiment à vous
appeler libres penseurs, et, s'il est vrai, ce
que je ne crois pas, que ce mot ait besoin
d'être purifié, eh bien! purifiez-le par un
usage viril et noble, par la courtoisie de
votre attitude, par la dignité de votre vie.
Quant aux idées et aux méthodes qui sont
le fond de la libre pensée, elles n'ont certes
pas besoin d'être excusées ou réhabilitées
comme des roturières ou des parvenues.
Votre libre pensée n'est pas née hier dans
le tumulte d'une réunion publique: anté-
rieure aux Églises chrétiennes, elle naquit
dans la Grèce antique. C'est la race hellé-

nique, cette race vraiment exemplaire, qui
fonda l'esprit de la philosophie et de toute
science, en détachant du temple et des
mystères la pensée réfléchie, en la consti-
tuant à part, quand les cosmogonies rem-
placèrent les théogonies, quand la pure
raison s'appliqua à la nature, à la nature
cosmique par Thalès et les physiologues, à la
nature de l'homme, aux choses morales et
politiques par Socrate.

Vous savez comment ce lumineux natu-
ralisme des Grecs fut altéré par l'esprit de
l'Orient, par l'élément mystique, par l'ex-
tase surnaturelle de l'école d'Alexandrie.
Le christianisme, autre aspect de la dévia-
tion orientale, grandit sur la décomposition
romaine, et, de ce centre de l'empire du
monde, il voulut s'étendre dans tout l'uni-
vers, qui, par les barbares, venait à sa ren-
contre. Héritier, dans son siège même, de
l'idée romaine, je veux dire l'idée de la
domination universelle, il se fit catholicisme, et, mêlant à cette idée romaine les
conceptions juives du peuple de Dieu et du
règne de Dieu, politique déjà par sa souche
hébraïque et convoitant le monde par héri-

tage romain, il tendit à l'empire universel
des âmes, et, pour elles et par elles, à l'as-
sujettissement des corps, des nations, des
couronnes. La main mise fut complète, ab-
solue : la raison, l'intelligence, toute la
pensée, de libres devinrent vassales, serves,
et la nature fut voilée et maudite. Puisque
la vérité était trouvée, l'esprit n'eut plus
qu'à s'exercer ou plutôt qu'à se modeler sur
le texte : c'est la scolastique. Grâce aux Juifs
et aux Arabes, grâce à quelques moines in-
conséquents qui s'attachaient aux recherches physiques, la tradition de la libre pensée
ne fut pas tout à fait abolie en tant que
recherche rationnelle appliquée à la nature,
et, par son caractère réaliste, elle se dis-
tingua de cette autre forme de la pensée
indépendante qui ne se manifestait que sous
l'aspect du sens propre, de l'hérésie, de la
dissidence logique et dialectique dans l'in-
terprétation des dogmes. Alors, mais rare-
ment, à côté de la pensée esclave qui errait
sur le texte, sans oser en sortir, on voyait
aussi la pensée libre s'exercer hors du texte.

Ce n'est qu'à la Renaissance que l'épaisse
couche de christianisme ascétique et sco-

lastique fut enfin percée par le réalisme
naturel et rationnel de la pensée antique :
voilà la nature et la raison libérées et réta-
blies dans leurs droits; voilà la libre pensée
restaurée. Descartes la réorganisa. C'est lui
qui, véritablement, replaça l'humanité dans
la nature et fonda l'art de vivre, non plus
sur la foi mystique, mais sur un système de
connaissances rationnelles, qui comprend
la médecine, les arts mécaniques et la mo-
rale. Enfin, Spinosa et Bayle, séparant tout
à fait la philosophie de la théologie, fondèrent une libre critique religieuse. Ainsi,
le xvi⁰ siècle retrouve la nature; le xvii⁰ siècle
rétablit la raison et la science; le xviii⁰ et le
xix⁰ proclament la justice, les droits, l'humanité. La libre pensée règne, par quelles
œuvres, par quels hommes, par quels progrès généraux des sciences et par quelle
nouveauté de systèmes et de découvertes,
vous le savez, et je n'ai pas à vous le redire,
à vous dont la pensée est fille de l'Encyclo-
pédie, à vous qui êtes les fils intellectuels
de Diderot, de Voltaire, de Condorcet et de
Renan. Et, d'autre part, c'est ainsi que se
poursuit historiquement, par l'effort cons-

tant de la raison naturelle, l'élimination
progressive du mysticisme chrétien. La
théologie, désarçonnée, est réduite à se
cacher : le domaine de la science, le gouvernement de la conscience, l'ingérence
civile lui sont peu à peu retirés, et ce ne
sont pas quelques retours de fortune et de
mode, quelques passagers triomphes de
détail qui empêcheront cette décadence logique et historique d'une religion qui s'obstine à survivre à son œuvre. Si la libre pensée a de véritables titres de noblesse, si les
pères de la libre pensée s'appellent Socrate
et Descartes, elle a cet autre motif d'orgueil
qu'elle survivra à la religion, à cette religion qui parle d'éternité, alors que la rigidité de ses formes l'empêche de se plier à
l'évolution, qui est la vie, alors que cette
rigidité annonce une mort, je ne dis pas
prochaine, mais certaine. C'est la libre
pensée qui durera, et elle durera autant
que la raison humaine, dont elle n'est que
l'activité. C'est à elle que l'avenir appartient, et quelques accidents mystiques ne
l'arrêteront pas dans son progrès. Voilà les
origines, voilà l'avenir, voilà la dignité de

la libre pensée : vous pouvez être fiers
de la cause que vous avez entrepris de
défendre et, en vérité, je ne crois pas qu'a-
deptes de la raison et de la science, servi-
teurs de la patrie et de l'humanité, vous
ayez à prendre garde aux épigrammes des
beaux esprits mélancoliques qui s'éver-
tuent au profit des défenseurs de l'absurde.

VII

C'est donc en libres penseurs que vous exa-
minerez les questions religieuses dans leurs
rapports avec les questions politiques et
sociales. Vous n'attendez pas que, dans
cette rapide esquisse de vos projets, j'étudie
devant vous le problème des relations de
l'Église et de l'État. C'est à l'histoire, et à
l'histoire comparée, que vous demanderez
les éléments de la solution à intervenir. La
lutte de nos rois contre la papauté, d'où est
sortie la France laïque, la vaine tentative
des hommes de 89 pour établir une Église
nationale gallicane par la constitution
civile du clergé, l'éphémère manifestation
du culte de la Raison, sitôt abolie par le

culte néo-chrétien et robespierriste de l'Être
suprême, le régime de la séparation de
l'Église et de l'État, hardiment et libérale-
ment institué par la Convention et qui dura
jusqu'à Bonaparte, pendant six années,
pour céder la place au régime concordataire
imaginé par un ambitieux qui s'appuyait
sur l'autel pour monter au trône et se procurer l'alliance docile de l'Église contre la
Révolution, les conséquences de ce concor-
dat jusqu'à nos jours, — voilà le champ où
s'exerceront vos recherches et vos discus-
sions. Vous conclurez, j'en suis sûr, à la
nécessité de rompre tous les liens qui atta-
chent encore l'État à l'Église : c'est là l'idéal
de tout républicain, de tout esprit libre.
Ces liens, les uns veulent les rompre dès
aujourd'hui; les autres ne croient pas que
l'opinion soit déjà préparée à cette rupture.
Tous sont d'accord, et c'est là le point essen-
tiel, pour chercher les moyens pacifiques
d'empêcher l'immixtion de l'Église dans
l'État, pour lui donner la liberté des prati-
ques religieuses, pour lui refuser obstiné-
ment cette liberté d'ingérence politique et
sociale, à laquelle elle prétend comme

autrefois et sans laquelle elle se dit per-
sécutée.

Ces moyens, les trouvera-t-on jamais ?
Avant l'heure où le mysticisme oriental aura
été définitivement éliminé de l'Occident
civilisé, sera-t-il possible de maintenir la
paix religieuse autrement que par des
expédients, des habiletés, des lois provi-
soires et des équivoques ? Arrivera-t-on à
renfermer l'Église dans les temples et dans
les consciences ? Je ne sais, car le christianisme n'a pas été seulement un élan mystique des âmes, il a été une cité. Si vous
voulez comprendre pourquoi il survit encore
aux circonstances qui l'ont fait réussir, et
pourquoi, bien que frappé de mort, il est
encore si puissant, n'oubliez jamais quelles
ont été ses raisons historiques de vivre et
de triompher à une époque. Ce n'est pas
suffisant de montrer, ainsi que je l'ai fait,
comment il vainquit pendant des siècles la
raison et la pensée libre. S'il a pu remporter
cette victoire, passagère mais éclatante, c'est
qu'il a développé, satisfait à un moment le
sens et le besoin de la vie intérieure permise
à chaque homme, et cela sous une forme

accessible à tous, aux humbles comme aux grands. Par l'idée des âmes toutes également rachetées, il a été la figuration à la fois mystique et populaire de la valeur de chaque homme; et si, par la vie religieuse en commun et les confréries de croyants, il a présenté une idée de sociétés morales distinctes de la société extérieure et politique, on peut dire que, par l'Église universelle, il a présenté une image de la société du genre humain, à la fois idéale et réalisée, à la fois mystique et effective. Il y a eu la cité chrétienne, qui a offert à une partie de l'humanité un abri provisoire et symbolique. Cette cité a fait son œuvre, a accompli son temps. A la cité chrétienne, l'évolution historique de l'esprit a substitué, par le progrès de la science, l'idée rationnelle de la cité humaine. Pour avoir proclamé cette idée, pour avoir tenté de la réaliser, le XVIIIe siècle et la Révolution française peuvent presque être considérés comme le point de partage de toute l'histoire.

Quoi d'étonnant à ce que l'Église, qui a joué un si grand rôle dans le passé, ne puisse comprendre que ce rôle est fini et

s'obstine à vouloir encore gouverner le
monde par les âmes? C'est ce rôle de cité
qui a fait sa force et sa grandeur. Lui demander d'y renoncer, la reléguer dans les
temples et dans les consciences, c'est lui
demander de s'avouer morte. Ne croyez pas
qu'elle y consente jamais. Pour qu'elle re-
nonce à s'ingérer dans la vie politique et
sociale des nations, il faut qu'elle se sente
la plus faible. Et ce n'est point par la vio-
lence qu'on l'affaiblira : la moindre persé-
cution lui rend un semblant de vie, et
l'homme politique qui oublierait un instant
que la plupart des Français n'ont pas encore osé se libérer tout à fait du dogme,
qui heurterait les habitudes des consciences,
s'exposerait à un déchaînement de colères,
à des retours offensifs de l'esprit clérical,
de l'ambition historique de l'Église. Que
cette ambition triomphe décidément, définitivement, c'est impossible. Mais il peut
arriver que le progrès de la raison soit, pour
un temps, retardé; il peut arriver que l'ac-
cès des écoles d'État soit de nouveau ouvert
à l'Église, et il y a encore, à cet égard, un
péril clérical. Réjouissez-vous que la Répu-

blique ait paru au pape assez forte pour
qu'il ordonne aux catholiques de ne pas
s'obstiner dans les idées monarchiques;
mais craignez que le pape ne s'ingère dans
notre République que pour l'accommoder à
l'Église. Surtout, il est permis de redouter,
et pensez-y toujours, l'accord possible des
forces socialistes et des forces cléricales, et
il semble qu'il se noue en ce moment d'é-
tranges alliances, que des pièges dangereux
sont préparés à la démocratie. Certes, cet
accord ne serait pas durable; mais ne pour-
rait-il pas amener quelques années de servitude et de recul, dont précisément votre
génération serait la victime?

Ce que c'est au juste que la domination
cléricale, vous le savez par l'histoire, jeunes
gens; vous ne l'avez pas éprouvé par une
expérience personnelle, comme l'ont éprouvé
les hommes de mon âge, et c'est dans les
livres que vous avez étudié la marche des
deux réactions qui ont retardé le progrès
de la troisième République. On dirait que la
liberté de conscience est depuis longtemps
fondée : eh bien, c'est hier qu'un gouvernement conservateur persécutait les enter-

rements civils; c'est avant-hier que la jeunesse des écoles était en partie forcée d'aller à la messe. Oui, à la fin de l'Empire, qui se targuait pourtant de maintenir l'état laïque, les élèves de l'École normale supérieure étaient punis, et j'en sais quelque chose, s'ils manquaient aux offices, s'ils s'abstenaient de fréquenter la chapelle. Il fallut, en 1870, une menace de révolte pour forcer le gouvernement impérial à nous accorder la plus élémentaire liberté de conscience. Croyez-vous que ces temps d'intolérance ne reviendraient pas, si le pape arrivait à constituer chez nous une République chrétienne? Péril chimérique, dira-t-on, et on m'observera ce que je viens de dire moi-même du progrès de la pensée libre, de la caducité du catholicisme. Je le répète : ce n'est pas un triomphe définitif qui est à craindre, c'est un succès passager de la réaction théocratique. Mais ce succès pourrait durer autant que votre génération. Épargnez-vous cette honte et cette souffrance, puisque vous savez comment on vous les prépare. On vous les prépare par une équivoque. Jadis l'Église disait : « Qui-

conque n'est pas avec moi est contre moi. »
Aujourd'hui elle semble dire : « Qui n'est
pas contre moi est avec moi. » Ceux qui
font les mélancoliques, ceux qui déclament
contre les principes de 1789, ceux qui
disent que la science et la conscience ne
suffisent pas à l'homme, ceux qui les écou-
tent parce qu'ils sont naïfs ou parce qu'ils
sont courtois, orateurs dilettantes et auditeurs amusés, l'Église les prend tous pour
elle, les enrégimente sans scrupule, et un
prêtre les a appelés déjà *l'aile gauche de l'armée chrétienne.* Voilà l'équivoque qu'il faut
dissiper, et, puisque ces hâbleries vous
forcent à sortir de la réserve polie où vous
vous étiez imprudemment complus, vous
en sortez franchement, vous déclarez que
vous n'êtes pas des sujets de la cité chrétienne, mais des citoyens de la cité humaine, vous brisez le masque que l'on avait
voulu vous imposer par surprise, et vous
rendez, par le seul fait qu'on vous saura
libres, un service à la cause de la science
et de la République, le plus grand service
peut-être qu'elle pût en ce moment attendre
de la jeunesse.

VIII

La jeunesse ! J'entends bien que vous
resterez fidèles à la jeunesse, en même
temps qu'à la science. Vous n'allez pas, sous
prétexte que vous inaugurez de sérieuses
études, être graves avant l'âge et n'éviter le
mysticisme que pour tomber dans le pédantisme. Vous retrancherez le moins possible à
vos joyeux loisirs, et j'espère que les étudiants en science civique ne seront pas
dans l'Université de Paris, les moins gais,
les moins jeunes, les moins rieurs. Le rire,
mais c'est l'épouvantail du mysticisme, mais
c'est peut-être le meilleur argument à
opposer aux prêcheurs mélancoliques qui
vous harcèlent. Donc vous resterez jeunes,
vous resterez gais, surtout vous resterez
camarades. Si vous vous réunissez entre
démocrates pour étudier les questions politiques et sociales, ce n'est pas, et je tiens
à le dire puisque vous me l'avez dit, que
vous fassiez scission d'avec vos condisciples,
ce n'est pas que vous les aimiez moins parce
que vous ne pensez pas comme eux. Et

d'ailleurs, sont-ils si nombreux ceux qui, dans la jeunesse des écoles, ne partagent pas vos idées ? N'en est-il beaucoup qui attendent, pour se joindre à votre réunion, d'être pleinement informés de vos intentions, de vous voir à l'œuvre ? Je suis sûr que, si vous êtes sages et si vous n'êtes pas pédants, vous recruterez beaucoup d'adhérents, qui sont déjà de cœur avec vous, mais qui n'osent pas encore se déclarer. Vous les rallierez, dès qu'ils verront qu'il n'y a point de haine, point de fanatisme étroit, point de solennelle prétention dans votre entreprise. Non, cette entreprise n'altérera pas la camaraderie fraternelle qui unit les étudiants de Paris. Les autres avaient manifesté avant vous leurs sentiments sur les grandes questions qui vous occupent aujourd'hui : vous ne faites que suivre leur exemple en déclarant loyalement ce que vous êtes, comme ils ont déclaré ce qu'ils sont. Pour maintenir entre vous cette sympathie, qui est votre joie et la nôtre, je ne vous dirai pas seulement : soyez tolérants. La tolérance a été un beau mot, une belle chose, alors que la philosophie n'avait pas encore détruit tout l'an-

cien régime, quand on courbait la tête sous
la tyrannie des certitudes. Aujourd'hui, ce
n'est pas assez d'être tolérants, et cette
vertu provisoire ne suffit plus à nos devoirs
nouveaux, à notre société nouvelle. A la
tolérance, qui est un peu dédaigneuse et
vient moins de la bonté que de l'orgueil, la
Révolution a substitué la liberté et la fraternité. Il ne s'agit plus de *supporter* qu'il
se produise d'autres opinions : il s'agit
d'assurer la liberté de ne pas penser comme
nous, il s'agit d'aimer ceux qui exercent
cette liberté. Vous n'y manquerez pas. Vous
avez trop de culture pour partager le pré-
jugé des ignorants qui croient qu'erreur est
vice, qui s'imaginent que celui qui se trompe
est malhonnête et méchant. Il n'y a que
l'ignorance qui soit fanatique et il n'y a que
le fanatisme qui soit intolérant. Vous n'êtes
pas ignorants, vous n'êtes pas fanatiques,
vous ne serez pas intolérants.

IX

Messieurs, je crains bien de n'avoir dit
qu'une faible partie de ce que vous atten-

diez de moi. Cette esquisse des projets de
votre cercle d'études, vous la trouverez
incomplète, insuffisante. J'avais l'intention
d'insister avec plus de détails sur les bases
réelles que vous comptez donner à vos
études et d'indiquer comment c'est à l'histoire que vous devez demander les éléments de vos recherches. Je voulais montrer, par d'autres exemples, ce que la
Révolution française, examinée dans les
sources, pouvait apporter de lumières vives
et immédiatement applicables aux questions
sociales et politiques. J'ai dû me borner à
caractériser l'esprit et la méthode qui ins-
pireront vos travaux. J'ai surtout tâché de
dissiper l'équivoque par laquelle on vous
enveloppait dans ce dangereux mouvement
mystique, si vague dans sa formule, si pré-
cis dans son but. J'espère y avoir réussi.
On ne se méprendra plus sur les intentions
d'une partie de la jeunesse française, qui
n'est pas la moins laborieuse, la moins mé-
ritante. Votre âme est saine et active; elle
n'a pas été atteinte par la contagion mystique. Vous voulez être des citoyens, des
hommes; c'est à la raison, à la science, à

la vie que vous demandez le bonheur par
l'action. La liberté de votre esprit est entière : ni intolérants, ni dupes ; vous repre-
nez les antiques et nobles traditions de
l'humanité pensante, telles que la raison
hellénique les a glorieusement établies. Si
vous restez fidèles à vos sentiments actuels,
si dans votre dispersion prochaine, au sortir de l'Université, vous gardez la solidarité
intellectuelle et cordiale qui a formé cette
confrérie d'étudiants en quête de la vérité,
je ne dis pas que vous aurez résolu à jamais
les problèmes redoutables dont l'étude vous
occupe et qui ne sont que l'aspect actuel
des résistances que rencontrera éternelle-
ment l'évolution rationnelle de l'humanité,
je ne dis pas que tout votre idéal sera réa-
lisé, mais vous aurez, par le savoir et la
raison, favorisé autant qu'il était en vous le
développement pacifique du progrès, vous
aurez noblement rempli votre devoir envers
la science, la patrie et la République.

RÉPONSE D'UN ÉTUDIANT AU NOM DE SES CAMARADES

Messieurs,

Mes camarades m'ont chargé d'être auprès de vous l'interprète de leur reconnaissance.

Nos remerciements s'adressent d'abord à M. Aulard, qui a pris la peine de vous expliquer l'origine et le but de notre œuvre. Ils s'adressent aussi à tous nos maîtres, qui ont tenu à nous marquer par leur présence l'intérêt qu'ils portent à notre Association naissante. Nos remerciements vont enfin à tous nos auditeurs et particulièrement à ceux qui représentent la génération qui nous a précédés, cette génération qui, par ses luttes et par ses conquêtes, nous a assuré la liberté de penser et de parler.

Nous nous sommes groupés afin d'user de ces deux libertés. Pour dire comment nous

entendons le faire, le professeur d'histoire de la
Révolution française à la Sorbonne était tout
désigné. En effet, c'est la révolution intellectuelle et la révolution politique du xviiie siècle
qui nous ont affranchis de la « tyrannie des certitudes ». Nous voulons garder ce bénéfice, nous
voulons le défendre, nous voulons en faire part
aux autres. Pour avoir plus de cohésion entre
nous et plus d'action dans la propagande, nous
avons formé une ligue. C'est une Association
dans laquelle on n'entrera pas pour aliéner son
indépendance, mais au contraire pour l'affer-
mir. On n'y sera point pour obéir à des supé-
rieurs et pour recevoir un mot d'ordre, mais
pour discuter avec des égaux et pour soumettre
à la critique tous les dogmes, tous les impé-
ratifs, quand même ils viendraient d'une inter-
prétation des penseurs que nous préférons. En
effet, nous voulons être sincères et nous
croyons que la forme la plus haute et la plus
universelle de la sincérité est la science qui
marche honnêtement vers son but sans se
laisser arrêter par les préjugés, les traditions,
les intérêts du passé. Aussi nous encourage-
rons-nous à n'avoir pas d'autre objet d'étude
que les faits, pas d'autre mobile d'action que
les idées claires. Notre raison d'être ne sera
pas la foi, mais la libre recherche.

Pourquoi cette recherche? Parce que notre idéal n'est pas dans le passé, mais dans l'avenir. Nous ne nous contentons pas d'admirer les principes de liberté, d'égalité, de fraternité, que la Révolution a mis au-dessus de toute discussion. Nous voulons qu'ils passent dans les faits. Notre temps poursuit cette œuvre d'équité. Il prépare dans l'ordre social la transformation que les générations précédentes ont accomplie dans l'ordre politique. Il cherche à remplacer la coutume par la justice, les usages traditionnels par des règles fondées sur l'intérêt de la collectivité étudié scientifiquement.

Nous, jeunes gens, nous voulons nous préparer à prendre notre part de cet effort; nous désirons contribuer à une réforme qui mettra la société en harmonie avec les principes qu'elle professe. Voilà pourquoi notre ligue s'appelle démocratique.

Nous savons que, pour accomplir une pareille tâche, la principale condition est l'étude patiente et méthodique des faits sociaux; et nous désirons vous donner quelques indications sur les moyens que nous emploierons pour arriver à ce résultat.

Nous aurons, en dehors des conférences comme celle que vous venez d'entendre, des réunions régulières entre nous. Là, nous examinerons d'une part les théories des sociologues modernes, de l'autre les faits qui sont recueillis périodiquement soit dans les statistiques, les albums, les comptes rendus officiels, soit dans les publications des Bourses du travail, des syndicats ouvriers et des associations analogues. Pour nous éclairer dans ces recherches, nous ferons appel à la fois aux connaissances acquises de ceux de nos camarades qui sont encore dans les Facultés, tantôt à l'expérience de ceux qui sont déjà en contact avec la vie pratique. Nous aurons notre bibliothèque, où les ouvrages et les périodiques spéciaux, qu'il est difficile de se procurer, seront aussi abondants que nos ressources le permettront. Nous aurons notre correspondance avec les Sociétés qui poursuivent le même but que nous. Nous aurons nos enquêtes dirigées de manière à compléter les résultats de celles qui sont déjà faites par l'État et les municipalités ou par des initiatives particulières.

Nos moyens se développeront avec le nombre et la bonne volonté de nos adhérents. Ceux-ci ne seront pas seulement des étudiants de Paris. Déjà nous avons le droit de dire que les étudiants des autres Universités se groupent sur notre programme; dès maintenant nous pouvons compter que l'action de la « Ligue démocratique des Écoles » va s'étendre dans les départements.

Tout à l'heure, nous adressions des remerciements bien mérités à la génération précédente. Nous invitons maintenant la nouvelle à se montrer digne de son aînée. Nous la convions à se joindre à nous pour un travail qui sera fait suivant le plan et avec les moyens que nous venons d'indiquer, dans un esprit scientifique qui laisse à la pensée toute son initiative, et sur le terrain de la République démocratique et sociale.

Paris, le 20 avril 1893.

Comité de la Ligue démocratique, 125, boulevard Saint-Michel.

Paris. — Imprimerie L. MARETHEUX, 1, rue Cassette.

124

www.ingramcontent.com/pod-product-compliance
Lightning Source LLC
La Vergne TN
LVHW022020080426
835513LV00009B/817